Freiarbeit

Stefanie Kraus

Lernwerkstatt
Das Judentum kennen lernen

Infotexte / Aufgaben / Diskussionen
Sinnerfassendes Lesen / Mit Lösungen

KOHL VERLAG
Der Verlag mit dem B...
www.kohlver...

Nutzen Sie unseren bequemen Onlineshop!

- Ausführliche Informationen
- Aussagekräftige Leseproben
- Schnäppchen & besondere Angebote

www.kohlverlag.de

Bildnachweise:
S. 7: wikimedia.org; S. 10: wikimedia.org; S. 14: Eva-Maria Noack; S. 16: Grenzgaenge.de; S. 18: fotolia.com;
S. 22: AngMoKio/wikimedia.org; S. 25: Tfursten/wikimedia.org; S. 26: Johanna-Schall.de; S. 28: Alice Guggenheim/Judentum-projekt.d
S. 29: wikimedia.org; S. 31: fotolia.com; S. 35: fotolia.com; S. 36: Gilabrand/wikimedia.org, wikimedia.org;
S. 37: Aviad Bublil/wikimedia.org; S. 39: Birgitt-Wolny.de; S. 40: PretoriaTravel/wikimedia, Djampa/wikimedia.org;
S. 43: Genehmigung CC; CC-BY-2.5/wikimedia.org

Lernwerkstatt
„Das Judentum kennen lernen"

1. Auflage 2013

© Kohl-Verlag, Kerpen 2013
Alle Rechte vorbehalten.

Inhalt: Stefanie Kraus
Umschlagbild: © Heiko Han - fotolia.com
Grafik & Satz: Eva-Maria Noack / Kohl-Verlag
Druck: Medienzentrum Süd, Köln

Bestell-Nr. 11 256

ISBN: 978-3-86632-496-1

Inhalt

		Seite
Vorwort & methodisch-didaktische Hinweise		4 - 5
Allgemeine Informationen		6 – 8

Kapitel I: **Geschichte – Hintergründe – Glauben** — 9 – 22
- Das Volk Israel — 9 – 10
- Die verschiedenen Richtungen des Judentums — 11 – 13
- Die Thora – das heilige Buch — 14 – 15
- Die Synagoge — 16 – 19
- Wer ist ein Jude? — 20
- Juden und Christen — 21 – 22

Kapitel II: **Jüdische Feste** — 23 – 32
- Allgemeine Feste — 23 – 27
  - Chanukka
  - Rosch ha-Schana
  - Jom Kippur
  - Pessach
  - Purim
  - Schawuot
  - Sukkot
  - Sabbat
- Persönliche Feste — 28 – 32
  - Beschneidung
  - Hollekreisch-Zeremonie
  - Bar Mizwa und Bat Mizwa
  - Hochzeit
  - Tod und Beerdigung

Kapitel III: **Bräuche, Weisheiten und Riten** — 33 – 41
- Der Talmud — 33
- Der jüdische Gebetskreis — 34
- Die jüdische Gebetskleidung — 35
- Speiseregeln — 36 – 38
- Der jüdische Kalender — 39
- Symbole für das Judentum — 40 – 41

Kapitel IV: **Abschlusstest** — 42 – 43

Kapitel V: **Lösungen** — 44 – 48

Vorwort & methodisch-didaktische Hinweise

Liebe Kolleginnen und Kollegen,

der vorliegende Band „Das Judentum kennen lernen" beschäftigt sich intensiv mit einer der fünf großen Weltreligionen. Aber was berechtigt eine Religion zur Weltreligion?

Religionswissenschaftler aus den unterschiedlichsten Kulturen beschäftigen sich seit Jahren mit dem Thema „Weltreligionen". Sie versuchen zu erklären, woran man eine Weltreligion erkennt und warum gerade diese Religion in ihren Augen zu einer Weltreligion zählt.

Sicher ist, dass es bis heute in den unterschiedlichsten Kulturen und religiös geprägten Gegenden keine einheitliche Definition über die Merkmale einer Weltreligion gibt.

Das ist nachvollziehbar, denn was genau sind nun die Eckpunkte, die eine Weltreligion ausmachen bzw. eine Religion berechtigt, sich als Weltreligion zu sehen? Bestimmt hierbei die Menge der Anhänger, der geschichtliche Hintergrund, das Alter der jeweiligen Religion, die flächendeckende Verbreitung, die grundlegenden Schriftstücke oder die endzeitliche Erlösung, sich den Stempel „Weltreligion" zu verleihen?

Sicher haben einige der genannten Punkte genug Gewicht, um für eine wichtige Religion in dieser Welt zu stehen. Aber vielleicht ist es heute auch sinnvoller, von den häufigsten „Religionen der Welt" zu sprechen, denn durch unsere Globalisierung ist es nicht mehr möglich, sie nur auf eine bestimmte Gegend oder ein bis zwei Kontinente zu begrenzen.

Die verschiedenen Religionen sind immer häufiger nebeneinander und in den unterschiedlichsten Orten der Welt zu finden. So wie sich unsere Kulturen immer mehr vermischen, vermischen sich auch die Religionen bzw. leben immer mehr Anhänger unterschiedlichster Religionen Tür an Tür.

Gerade die enge Nachbarschaft und die stärker werdende Globalisierung macht es immer wichtiger, dass wir uns selbst und vor allem auch unsere Kinder dafür sensibilisieren, sich auch in den unterschiedlichsten Religionen gegenseitig zu akzeptieren. Diese Akzeptanz kann nur entstehen, wenn man ein entsprechendes Grundwissen über die jeweilige Religion hat.

Viele Missverständnisse entstehen durch Unkenntnis. Unkenntnis und das sich Verschließen vor Unbekanntem kann sogar zu Kriegen führen! Sicher soll man nicht seine eigene Identität unterdrücken oder gar verleugnen, sich nicht unbedingt ändern, aber der Versuch, Neues zu kennen und verstehen zu lernen, bringt das gemeinsame Miteinander zum Erfolg. Gerade in unserer sich wandelnden Kultur, in der Wirtschaft und Gesellschaft sich immer schneller drehen, müssen Kinder und Jugendliche offen für die Welt sein.

Deshalb ist es sicher nie verkehrt, sie im eigenen Glauben zu bestärken und trotzdem Grundlagen für das Verstehen anderer Kulturen zu schaffen.

Alle weltlichen Kulturen sind bis zu einem gewissen Grad von der jeweilig vorherrschenden Religion geprägt. Dies zeigt sich vor allem auch in den Riten, Festen und den jeweiligen Bräuchen.

Vorwort & methodisch-didaktische Hinweise

Die vorliegenden Kopiervorlagen zum Judentum sollen Grundkenntnisse für diese Religion schaffen und uns manche Dinge verständlich machen.

Sicher begegnen uns Traditionen und Geschichten, die unvorstellbar erscheinen, aber Wissen öffnet Horizonte!

Das vorliegende Material ist in drei große Bereiche unterteilt. Sie können die unterschiedlichsten Sozialformen zur Erarbeitung anwenden. Die umfangreichen Lösungen erlauben von Einzel- bis zu Gruppenarbeit die verschiedensten Vorgehensweisen. So ist es möglich, auch einzelne Bereiche (aus Zeitmangel oder sonstigen Gründen) wegzulassen oder nur einen Bereich, wie z.B. die Feste der Religion, herauszunehmen und beispielsweise mit einer anderen Religion vergleichen zu lassen. Die Möglichkeiten sind vielfältig.

Auch eine komplette Gruppenerarbeitung ist möglich. Die Klasse wird in drei Großgruppen aufgeteilt und jeder Gruppe nur ein Teil der Religion zugeteilt. Diese können ihren Bereich erarbeiten und zur Präsentation für die anderen Klassenmitglieder aufbereiten. So wird intensiv miteinander gelernt, aber auch Verantwortung vermittelt, da die Klassenkameraden nur durch die Präsentation der anderen etwas erlernen.

Ich wünsche Ihnen ein erfolgreiches und motivierendes Arbeiten mit den vorliegenden Kopiervorlagen! Ihre

Stefanie Kraus

....

Übrigens: Mit Schülern bzw. Lehrern sind im ganzen Band selbstverständlich auch die Schülerinnen und Lehrerinnen gemeint.

Bedeutung der Symbole:

 Einzelarbeit EA

 Partnerarbeit PA

 Arbeiten in kleinen Gruppen GA

 Arbeiten mit der ganzen Gruppe GA

Allgemeine Informationen

Das Judentum ist die älteste monotheistische Weltreligion, die sich seit mehr als 3000 Jahren entwickelt hat. Menschen, die dem Judentum angehören, werden Juden genannt. Die wichtigste Grundlage des Judentums ist die Thora, die aus den fünf Büchern Mose besteht. Die Juden sehen Abraham als den Begründer ihrer Religion.

Weltweit gibt es etwa 15 Millionen Juden, die meisten von ihnen leben in den Vereinigten Staaten von Amerika und in Israel.

Abgesehen von einer geringfügigen Ausnahme hat das Judentum auf die Missionierung von andersgläubigen Menschen verzichtet. Juden sind der Ansicht, dass auch andersgläubige Menschen, die sich ethisch korrekt verhalten haben, eine Aussicht auf ein Leben nach dem Tod haben.

Aufgabe 1: Notiert alle Stichwörter, die euch zum Thema „Judentum" einfallen.

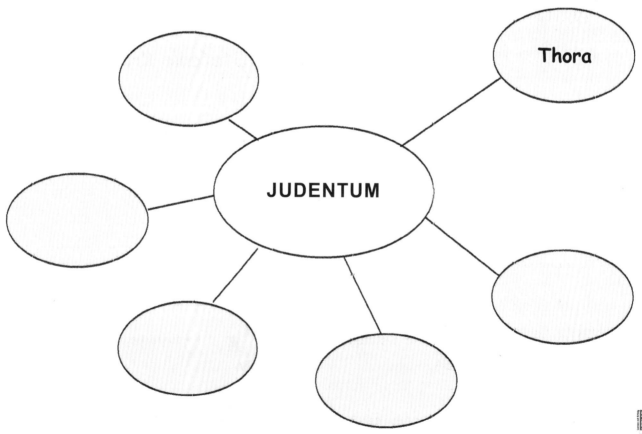

Allgemeine Informationen

PA

Aufgabe 2: Tragt in die Tabelle die Länder ein, in denen das Judentum weit verbreitet ist und fügt die passenden Kontinente hinzu. Markiert die Länder dann farbig in der Weltkarte.

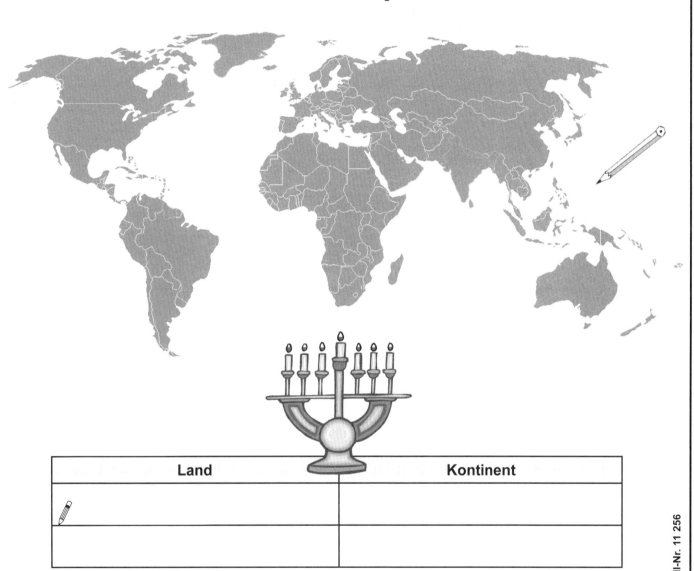

Land	Kontinent

PA

Aufgabe 3: Juden finden sich auf der Weltkarte in großer Anzahl lediglich in zwei Ländern – in Israel selbst und in den USA.

a) Erklärt gemeinsam, warum in Deutschland und in ganz Europa heute nur sehr wenige Juden leben.

b) Warum leben so viele Juden in den USA? Welche geschichtlichen Fakten könnt ihr nennen?

Beantwortet die Fragen auf der Blattrückseite oder in eurem Heft.

Allgemeine Informationen

EA

Aufgabe 4: Definiere folgende Begrifffe in deinen eigenen Worten. Schreibe dazu vollständige Sätze. Schlage, wenn nötig, im Lexikon nach.

monotheistisch: _____

_____

_____

_____

Thora: _____

_____

_____

_____

_____

Abraham: _____

_____

_____

_____

Missionierung: _____

_____

_____

_____

_____

I. Geschichte – Hintergründe – Glauben

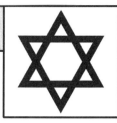

Das Volk Israel

Das jüdische Volk sieht seinen Ursprung in Abrahams Bund mit Gott. Abraham sagte, dass es nur einen einzigen unsichtbaren Gott gäbe. Nach dieser Erkenntnis zog Abraham aus der Region, in der heute das Staatsgebiet des Irak liegt, in Richtung Jerusalem.

Isaak und sein Sohn Jakob führten den Bund mit Gott weiter. Jakobs Nachfahren zogen von Kanaan (Palästina/Israel) nach Ägypten, um einer Hungersnot zu entfliehen. Ihre Nachfahren gelangten so in Ägypten in die Sklaverei. Mose führte sie als das auserwählte Volk Gottes wieder heraus und erhielt am Berg Sinai die Zehn Gebote.

Nun kehrte das Volk Israel zurück in das Gebiet des heutigen Staates Israel. In Jerusalem entstand der erste Tempel, der für die Juden eine große religiöse Bedeutung hat.

Aufgabe 1: *Beantworte die folgenden Fragen in vollständigen Sätzen.*

a) *Was ist der Ursprung der jüdischen Religion?*

b) *Wie viele Götter werden im Judentum verehrt?*

c) *Wer führte den Bund mit Gott nach Abraham weiter?*

I. Geschichte – Hintergründe – Glauben

d) Welches Schicksal ereilte Jakobs Nachfahren in Ägypten?

e) Welcher Tempel ist für die Juden von besonderer Bedeutung?

f) Was erhielt Mose am Berg Sinai?

Aufgabe 2: Versuche deinem Nachbarn die Geschichte des „Volkes Israel" nachzuerzählen. Dabei können dir folgende Stichworte helfen:

Bund mit Gott – Jakobs Nachfahren – Hungersnot – Ägypten – Gefangenschaft – Mose – Berg Sinai – erster Tempel

I. Geschichte – Hintergründe – Glauben

Die verschiedenen Richtungen des Judentums

Seit der Mitte des 19. Jahrhunderts haben sich unterschiedliche Strömungen des Judentums gebildet. Auslöser dafür war die Frage, wie streng die jüdischen Gebote und Traditionen im Alltag befolgt werden sollen.

Eine Strömung des Judentums wird <u>Reformjudentum</u> genannt. Diese Strömung entstand im 19. Jahrhundert in Deutschland als Folge der Emanzipation. Demzufolge sind in dieser Strömung Frauen gleichberechtigt und diese Gleichberechtigung wurde deutlich schneller erzwungen, als in anderen Strömungen. Reformjuden sind der Ansicht, dass die Thora von Menschen verfasst wurde, die durch Gott dazu angeleitet wurden. Gesetze und Traditionen werden akzeptiert, jedoch nicht länger als bindend angesehen. Ebenso streben Reformjuden eine Modifizierung der Gottesdienste in der Synagoge an.

Das <u>Konservative Judentum</u> entstand ebenfalls in der Mitte des 19. Jahrhunderts. Diese Strömung befindet sich zwischen dem Reformjudentum und dem Orthodoxen Judentum. Ziel dieser Strömung ist es, jüdische Bräuche und Gebote zu wahren, sich jedoch der Moderne und dem Fortschritt nicht zu verschließen. Insofern werden jüdische Feste und der Sabbat traditionell zelebriert. Dabei kommt einem sorgfältigen Studium der Lehren eine sehr große Rolle zu.

Das <u>Orthodoxe Judentum</u> ist die Strömung, die sich am strengsten an die Gebote und Traditionen hält und die Thora und die Zehn Gebote strengstens befolgt. In dieser Strömung werden Frauen und Männer in der Synagoge nach wie vor getrennt. Orthodoxe Juden treten für eine strenge Trennung von Religion und weltlichem Leben ein. Sie sind der Auffassung, dass der Messias noch erscheinen wird und für Israel ein goldenes Zeitalter bringen wird. Auch ist Hebräisch für sie die alleinige Kultsprache.

Aufgabe 3: *Schlage in einem Lexikon folgende Wörter nach:*

EA

Strömung: _____

Emanzipation: _____

Modifizierung: _____

zelebrieren: _____

Messias: _____

I. Geschichte – Hintergründe – Glauben

Aufgabe 4: *Verbinde die zusammengehörenden Satzteile.*

EA

A Das Reformjudentum

B Die orthodoxen Juden

C Unterschiedliche Strömungen des Judentums

D Das Konservative Judentum

E Reformjuden glauben

F Die Ausbildung der Strömungen

G Das Orthodoxe Judentum

1 haben sich seit der Mitte des 19. Jh. entwickelt.

2 wurde durch die Frage ausgelost, wie streng die Gebote im Alltag befolgt werden sollen.

3 befolgt die Thora und die Zehn Gebote strengstens.

4 lässt sich zwischen dem Reformjudentum und dem Orthodoxen Judentum ansiedeln.

5 sehen die hebräische Sprache als alleinige Kultsprache.

6 entstand als Folge der Emanzipation.

7 dass die Thora von Menschen verfasst wurde.

Seite 12

I. Geschichte – Hintergründe – Glauben

 Aufgabe 5: Diskutiert in der Gruppe:
Was sind Vor- und Nachteile einer jeden Strömung? Füllt dazu die Tabelle, in der ihr eure Vor- und Nachteile auflistet.
Entscheidet und unterstreicht dann in der Gruppe, welche Strömung ihr am sinnvollsten findet. Wählt einen Redner, der die Meinung eurer Gruppe vor der Klasse darlegt und auch begründet.

	Vorteile	Nachteile
Orthodoxes Judentum		
Reformjudentum		
Konservatives Judentum		

Seite 13

I. Geschichte – Hintergründe – Glauben

Die Thora – das heilige Buch

Der Begriff Thora stammt aus dem hebräischen und bedeutet Lehre. Die Thora ist der Grundbaustein des jüdischen Glaubens und das heilige Buch der Juden. Die Thora dient sowohl als Wegweiser für den rechten Glauben, als auch als Verbindung zwischen Gott und den Menschen.

Die Thora wird auch als „Pentateuch" bezeichnet und besteht aus den fünf Büchern Mose. Man schätzt, dass die ersten Schriftstücke der Thora bereits 950 vor Christus entstanden. Die Thora enthält 613 Gebote und Verbote, die sogenannten Mizwot sowie die 10 Gebote.

Heute werden die Thorarollen von speziell ausgebildeten Schreibern, den Sofer, handgefertigt. Die Thorarollen werden derart geachtet, dass sie nie mit bloßer Hand berührt werden. Zum Lesen der Thora wird ein Zeigestab (Jad) verwendet. Jede Woche wird im Gottesdienst aus der Thora vorgelesen, sodass die gesamte Thora in einem Jahr komplett durchgelesen wird. Für die jüdische Gemeinde ist die Thora so wertvoll, dass sie mit einem besonderen Thoramantel dekoriert wird.

Die Thora ist auch Teil der christlichen Bibel, Juden und Christen haben also gemeinsame Wurzeln und glauben eigentlich an den gleichen Gott.

Aufgabe 6: *Kreuze nur die richtigen Aussagen an. Die Silben hinter den angekreuzten Aussagen ergeben, in die richtige Reihenfolge gebracht, ein Lösungswort.*
EA

a) ☐ *Der Begriff „Thora" stammt aus dem Lateinischen.*   **ER**

b) ☐ *Die ersten Schriftstücke entstanden 300 v. Chr.*   **VOR**

c) ☐ *Die Sofer lesen aus der Thora vor.*   **STEH**

d) ☐ *Thora bedeutet übersetzt „Lehre".*   **TA**

e) ☐ *Die Thora enthält 613 Gebete.*   **ENT**

f) ☐ *Die Thora ist ein Wegweiser für den rechten Glauben.*   **TEUCH**

g) ☐ *Die Thora besteht aus den drei Büchern Mose.*   **EN**

h) ☐ *Die Thora wird mit einem Thoramantel dekoriert.*   **PEN**

i) ☐ *Die Thora ist das heilige Buch der Hindus.*   **AB**

I. Geschichte – Hintergründe – Glauben

Aufgabe 7: Recherchiert in unterschiedlichen Quellen. Erstellt zu jedem Buch Mose einen kurzen Steckbrief nach folgendem Schema:

Wievieltes Buch Mose? _____

Hebräische Bezeichnung für dieses Buch:

_____

Deutsche Übersetzung der Anfangsworte:

_____

Latein./griech. Bezeichnung: _____

Inhalt dieses Buches: _____

_____

_____

_____

_____

_____

_____

I. Geschichte – Hintergründe – Glauben

Die Synagoge

Die jüdischen Kirchen nennt man Synagogen, was übersetzt so viel wie „die sich versammelnde Gemeinde" bedeutet. Synagogen sind Orte des Gebets und der Zusammenkunft. Sie sind in Europa überwiegend in West-Ost-Richtung gebaut, also auf Jerusalem ausgerichtet.
Gottesdienste finden jeweils morgens, mittags und abends statt. Damit ein Gottesdienst rechtmäßig stattfinden kann, müssen zehn religionsmündige Männer anwesend sein. Der Vorbeter wird auch Kantor genannt und wendet sich im Namen der Gemeinde an Gott.
Ein weiteres Gemeindemitglied unterstützt den Kantor während des Gottesdienstes und liest in einem ganz bestimmten Tonfall aus der Thora vor. Wird man als Gemeindemitglied aufgerufen, um aus der Thora vorzulesen, so ist dies eine sehr große Ehre.
In einer Synagoge befinden sich mehrere wichtige Gegenstände. Einer davon ist die sogenannte Heilige Lade, in der die Thorarollen aufbewahrt werden. Über dem Thoraschrein befindet sich ein Licht, das in einem Behälter von der Decke herunterhängt. Das „Ewige Licht" soll daran erinnern, dass Gott immer da ist.
Auch der Almemor, auch Bima genannt, ist ein wichtiger Gegenstand in der Synagoge. Dabei handelt es sich um eine große Plattform oder einen Tisch, auf dem die Thorarollen während des Gottesdienstes ausgerollt werden. Die Aufmachung des Almemors sagt viel über eine Synagoge aus.
Früher durften jüdische Gebäude andere Bauten nicht überragen, daher wurden Synagogen oft tiefer gelegt gebaut, um so ein gewisses Raumvolumen zu erreichen. Diese Regelung ist heute nicht mehr gültig.

Aufgabe 8: *Erkläre die folgenden Begriffe mit deinen eigenen Worten.*

- **Heilige Lade:** _____
  _____
  _____

- **Almemor:** _____
  _____
  _____

- **Kantor:** _____
  _____

I. Geschichte – Hintergründe – Glauben

PA

Aufgabe 9: Wie werden die Gebetshäuser in den anderen Weltreligionen genannt? Diskutiere mit deinem Partner und notiert eure Ergebnisse.

_____
_____
_____
_____
_____
_____

EA

Aufgabe 10: Löse das Kreuzworträtsel, indem du die Aufgaben beantwortest und die Begriffe in die Kästchen einträgst. Die Buchstaben in den grauen Kästchen ergeben in der richtigen Reihenfolge ein Lösungswort.

1. Hier werden die Torarollen aufbewahrt.
2. So nennt man eine jüdische Kirche.
3. Die jüdischen Kirchen sind immer nach ... ausgerichtet.
4. Der Vorbeter wird ... genannt.
5. Für einen rechtmäßigen Gottesdienst müssen ... religionsmündige Männer anwesend sein.
6. Der Almemor wird auch ... genannt.
7. Das „... Licht" soll daran erinnern, dass Gott immer anwesend ist.
8. Synagogen sind Orte der ...

Lösungswort: _____

I. Geschichte – Hintergründe – Glauben

PA

Aufgabe 11: Wie unterscheidet sich eine Synagoge äußerlich von einer christlichen Kirche?
Sucht Gemeinsamkeiten und Unterschiede.

Gemeinsamkeiten	Unterschiede

I. Geschichte – Hintergründe – Glauben

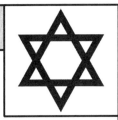

Aufgabe 12: Beschriftet im Grundriss einer Synagoge folgende Gegenstände:

| Almemor | Frauengalerie/Empore | Thoraschrein | Sitzplätze Männer |

Malt die Gegenstände in unterschiedlichen Farben aus, damit der Grundriss anschaulicher wird.

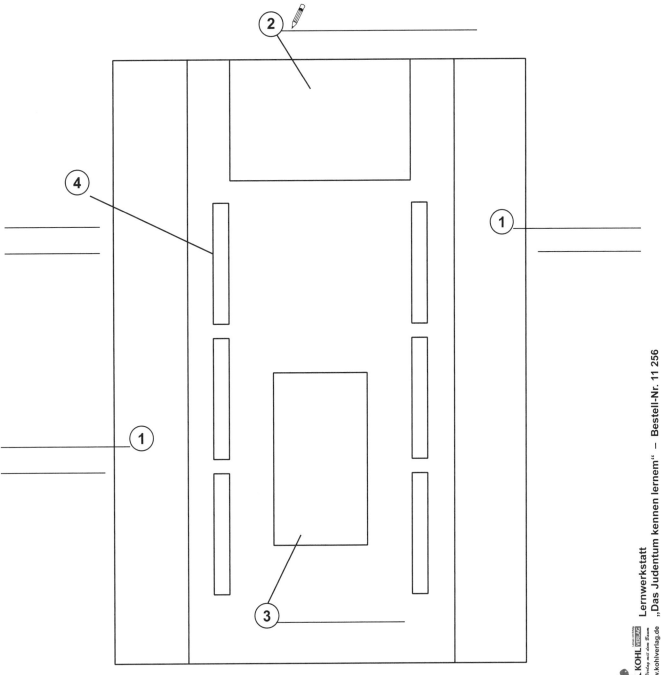

I. Geschichte – Hintergründe – Glauben

Wer ist ein Jude?

Ein Jude ist ein Mensch, der der ältesten Religion angehört, die nur an einen Gott glaubt, nämlich dem Judentum. Hat man eine jüdische Mutter, so gilt man automatisch von Geburt an als Jude. Juden identifizieren sich sehr stark mit dem Volk Israel und kennen sich aus, was deren Geschichte angeht. Jude zu sein bedeutet, im Alltag den jüdischen Glauben zu leben und sich an die Gebote und Gesetze der Thora zu halten, unabhängig davon, in welchem Land man lebt.

Es besteht auch die Möglichkeit, dem Judentum als erwachsener Mensch beizutreten. Lässt man sich beschneiden und verinnerlicht die jüdischen Sitten und Bräuche, so werden auch beigetretene Menschen als Juden bezeichnet.

Aufgabe 13: *Kreuze an, ob die folgenden Aussagen richtig (R) oder falsch (F) sind. Sind die Aussagen falsch, so verbessere sie.*

	Aussage	R	F
a)	Hat man einen jüdischen Vater, so ist man automatisch Jude.		
b)	Wenn Männer dem Judentum nachträglich beitreten wollen, so lassen sie sich in der Regel beschneiden.		
c)	Nur Juden, die in Israel leben, müssen sich im Alltag an die Thora halten.		
d)	Man kann dem Judentum als Erwachsener nicht beitreten.		
e)	Juden kennen sich sehr gut mit der Geschichte des Volkes Israel aus.		

Verbesserung der falschen Aussagen:

I. Geschichte – Hintergründe – Glauben

Juden und Christen

Als Jesus lebte, gab es noch keine Christen. Jesus und seine Jünger waren Juden. Sie gingen in die Synagoge, lasen in der Thora und beteten das „Höre, Israel". Schon in der Bibel beschäftigt sich der Apostel Paulus mit dem Verhältnis von Christen und Juden. Paulus war selbst ein Jude. Paulus erzählte vielen Nicht-Juden von Jesus und machte sie durch seine Predigten zu Christen. Manche der Christen waren überzeugt davon, sie seien etwas Besseres als die Juden. Aber Paulus antwortete ihnen: „Ihr seid wie junge Zweige, die aus einem Baum wachsen. Das Judentum ist die Wurzel des Baumes. Nicht ihr tragt die Wurzel, sondern die Wurzel trägt euch!" Damit wollte Paulus ihnen verdeutlichen, dass Christen und Juden Geschwister im Glauben sind. In der Tat haben Juden und Christen viele Gemeinsamkeiten. Für beide Religionen sind die Zehn Gebote wichtig. Beide glauben an Gott und lesen in der Thora bzw. im Alten Testament. Beide glauben, dass Gott die Welt erschaffen hat und dass er den Menschen ein ewiges Leben schenkt. Und doch gibt es auch Unterschiede, denn die Juden glauben beispielsweise nicht, dass Jesus der Messias ist, sondern dass der Messias Gottes noch kommen wird und mit ihm der endgültige Frieden. Deshalb ist das Neue Testament, das von Jesus handelt, allein für die Christen von Bedeutung. Christen leben nach dem Vorbild Jesu, Juden halten sich streng an die Gebote der Thora.

Aufgabe 14: *Welche Gemeinsamkeiten und Unterschiede gibt es zwischen Christen und Juden? Besprich dich mit deinem Partner und fülle dann die Tabelle aus.*

PA

	Juden	Christen
Gemein-samkeiten		
Unter-schiede		

I. Geschichte – Hintergründe – Glauben

Aufgabe 15: *Stelle die Aussage Paulus bildlich dar:*

„Ihr seid wie junge Zweige, die aus einem Baum wachsen. Das Judentum ist die Wurzel des Baumes. Nicht ihr tragt die Wurzel, sondern die Wurzel trägt euch."

II. Jüdische Feste

Allgemeine Feste

Das **Chanukka-Fest** ist für die Juden ein sehr wichtiges Fest, an dem sie auf historische Ereignisse zurückblicken. Es beginnt am 25. Tag des Monats Kislew (November/Dezember) und dauert acht Tage. Es wird auch Lichterfest genannt. An Chanukka wird der Zeit gedacht, als Israel unter der Herrschaft der Griechen leiden musste, die Juden ihren Glauben nicht mehr ausüben durften und stattdessen griechische Herren anbeten sollten. Einige Frauen und Männer schlossen sich zusammen, um sich gegen die Herrschaft aufzulehnen und so kam es zum sogenannten Makkabäeraufstand. Nachdem die Juden den Sieg davongetragen hatten, wurde auch ihr Tempel neu geweiht. Chanukka bedeutet übersetzt „Neueinweihung". Wie durch ein Wunder brannte die winzige verbleibende Menge geweihten Öls ganze acht Tage lang.

Das Chanukka-Fest ist kein Feiertag. Die Kinder müssen zur Schule gehen und die Erwachsenen arbeiten. Abends kommen dann Freunde und Verwandte zusammen, entzünden den Chanukka-Leuchter und feiern ausgelassen. Es wird ausgiebig gespeist und aus der Thora vorgelesen.

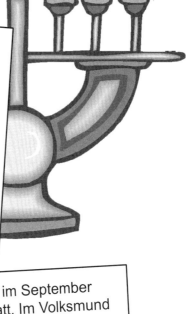

Rosch ha-Schana findet am ersten Tag des Monats Tischri (September/Oktober) statt und ist auch als Neujahrsfest bekannt. Einzig Rosch ha-Schana und Jom Kippur sind Feste, die nicht auf historischen Ereignissen beruhen, sondern rein religiösen Ursprungs sind und ausschließlich Gott gewidmet sind. Die Juden glauben, dass Gott an Rosch ha-Schana die Welt erschaffen hat.

Je nach Ausrichtung des Judentums wird Rosch ha-Schana ein bis zwei Tage lang gefeiert. An Rosch ha-Schana beginnt die zehntägige Phase der Besinnung und Reue, die an Jom Kippur ihren Höhepunkt erreicht.

Jom Kippur ist der höchste jüdische Feiertag und findet im September oder Oktober am zehnten Bußtag Rosch ha-Schanas statt. Im Volksmund wird Jom Kippur auch als der Versöhnungstag bezeichnet.

An diesem Tag fasten alle Juden und laufen unbeschuht, mit dem Totenkleid bekleidet, umher und beten den ganzen Tag. An diesem Tag gilt es, seine Missetaten einzugestehen, Besserung zu geloben und seine Taten, wenn möglich, wiedergutzumachen. Nur so kann man erfüllt von Bescheidenheit vor Gott treten und eine Versöhnung mit Gott erwarten.

II. Jüdische Feste

Das **Pessachfest** ist ein weiteres bedeutendes jüdisches Fest, an dem der Auszug des israelitischen Volks aus Ägypten und die Flucht vor der Unterdrückung und Versklavung gefeiert werden. Es findet im jüdischen Frühlingsmonat Nisan (März/April) statt und ist zugleich eine Art Erntedankfest und das erste Wallfahrtsfest. Es wird auch als Fest der Befreiung und des ungesäuerten Brotes bezeichnet.
Das Pessachfest dauert eine Woche und in dieser Zeit dürfen als Symbol für die übereilte Flucht aus Ägypten keine gesäuerten Speisen verzehrt werden.

Purim ist ein sehr fröhliches und ausgelassenes Fest, das am 14. Tag des Monats Adar (Februar/März) stattfindet. Es wird auch das Fest der Rettung und der Lebensfreude genannt. An Purim feiert man die Befreiung der persischen Juden aus drohender Gefahr im 5. Jahrhundert. Die an diesem Tag stattfindenden Maskenbälle sind weithin bekannt.

Schawuot ist das zweite von drei Wallfahrtsfesten, an denen Juden nach Jerusalem pilgern. Es wird auch das Fest der Ernte und der Zehn Gebote genannt. Schawuot wird 50 Tage nach Pessach gefeiert und ist das Fest der Thoragebung, das bedeutet, das Fest, an dem die Juden am Berg Sinai die Zehn Gebote Gottes empfangen haben.
Schawuot ist ein bedeutender Feiertag, an dem niemand arbeiten muss. Die Häuser sind festlich geschmückt und ganz in weiß gekleidete Kinder ziehen mit Kränzen durch die Straßen.

Sukkot ist das letzte Wallfahrtsfest, das auch Laubhüttenfest genannt wird und fünf Tage nach Jom Kippur stattfindet. An diesem Tag sollen sich die Juden immer wieder bewusst machen, dass sie in Israel einst nur ein besitzloses Nomadenvolk ohne jeglichen Ernteertrag waren und Gott für seine Gaben danken.
Aus Holz, Zeltwänden und Matten wird im Freien mit Hilfe der Kinder eine Laubhütte errichtet, in der die Familie während der Sukkot-Woche möglichst viel Zeit verbringt und, wenn möglich, auch schläft.

Der **Sabbat** ist im Judentum der siebte Wochentag und gilt streng als Ruhetag. Im Judentum beginnt die Woche mit dem Sonntag. Noch heute halten sich viele Juden daran und kleiden sich zu diesem Zweck feierlich, essen zusammen und gehen in die Synagoge. An diesem Tag dürfen keine Arbeiten verrichtet werden.

II. Jüdische Feste

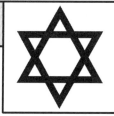

Aufgabe 1: Beantworte die folgenden Fragen in vollständigen Sätzen.

EA

a) An welches Ereignis denken die Juden an Chanukka?

b) Wie läuft Jom Kippur traditionell ab?

c) Welches jüdische Fest entspricht unserem Silvestertag?

d) Welche Tage im Christentum und Islam sind mit dem Sabbat vergleichbar?

e) Welche besonderen Essensregeln gelten während des Pessachfestes?

f) Was errichtet jede Familie am Sukkot-Fest? Was macht die Familie darin?

II. Jüdische Feste

Aufgabe 2: Recherchiert im Internet, um folgende Dinge herauszufinden:

1. Was sind „Matzen" und zu welchem Anlass werden sie eingesetzt?

2. Was sind die sieben Pflichten an Purim?

3. Welche Bedeutung haben Honig, Äpfel und Challa am Rosch ha-Schana?

4. Was sind die vier Versprechen Gottes, die am Pessachfest aufgesagt werden?

II. Jüdische Feste

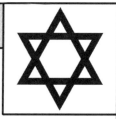

Aufgabe 3: Gebt jedem Fest eine aussagekräftige Überschrift und ordnet ihnen den jeweiligen jüdischen Monat zu.
PA

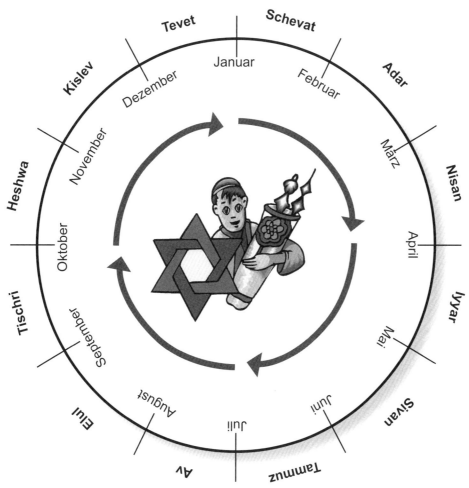

1. Chanukka	
2. Jom Kippur	
3. Pessach	
4. Rosch ha-Schana	
5. Purim	
6. Schawuot	
7. Sukkot	

II. Jüdische Feste

Persönliche Feste

Die Beschneidung
Die jüdische Tradition sieht vor, dass jeder männliche Nachkomme acht Tage nach seiner Geburt beschnitten wird. Bei der Beschneidung wird die Vorhaut des männlichen Glieds entfernt. Durch diese Zeremonie wird der Neugeborene, unter Anwesenheit zehn jüdischer Männer, in den Bund Gottes aufgenommen. Nach der Beschneidung wird der hebräische Name des Kindes laut verkündet und das Kind von den Anwesenden reichlich beschenkt. Die Beschneidung ist das höchste aller Gebote und hat Vorrang vor Feiertagen wie Jom Kippur oder Sabbat.
Treten erwachsene Männer zum Judentum über, so müssen sich diese nachträglich beschneiden lassen.
Neugeborene Kinder, die erkrankt sind oder zu früh geboren wurden, werden am achten Tag ihrer Genesung beschnitten.

Die Hollekreisch-Zeremonie
Der Name eines neugeborenen Mädchens wird am Sabbat nach dessen Geburt vor der versammelten Gemeinde bei der Hollekreisch-Zeremonie vom Vater verkündet. Dabei heben Kinder aus der Umgebung die Wiege mit dem Mädchen hoch und rufen „Hollekreisch, wie soll das Kindchen heißen?" Der Vater antwortet den Kindern, dann wird der Name dreimal wiederholt und die Kinder bekommen Geschenke.

Bar Mizwa und Bat Mizwa
Am Sabbat nach dem 13. Geburtstag eines jüdischen Jungen wird die Bar Mizwa-Feier vollzogen. Ab diesem Tag gehört der Junge dem Kreis der Männer an und ist ein vollwertiges Mitglied der jüdischen Gemeinde.
Ab diesem Tag darf der Junge die traditionelle Gebetskleidung tragen, aus der Thora vorlesen und mit neun anderen Männern im traditionellen Gebetskreis, dem Minjan, beten. Es bedeutet aber zugleich auch, dass der Junge fortan die Gesetze der Thora ehren und sich ausnahmslos daran halten muss.
Die jüdischen Jungen werden monatelang auf den wichtigen Gottesdienst in der Synagoge vorbereitet, bei dem sie sich als amtliche Leser bewähren und ihr Wissen unter Beweis stellen müssen.
Das noch nicht allzu lang verbreitete und auch nicht überall übliche Fest für die jüdischen Mädchen nennt sich, in Anlehnung an das Fest der Jungen, Bat Mizwa. Dabei wird die Religionsmündigkeit der jüdischen Mädchen bereits nach dem 12. Lebensjahr zelebriert. Ab diesem Zeitpunkt sind die Mädchen „Töchter der Pflicht" und müssen sich, ebenso wie die Jungen, an die Gesetze der Thora halten.

II. Jüdische Feste

Die Hochzeit

Die Eheschließung ist im Judentum zwar kein Sakrament, wird aber dennoch als heilige Tat angesehen. Ein besonders beliebter Tag für die Eheschließung ist der Dienstag, der dritte Schöpfungstag, an dem „Gott sah, dass es gut war".

Oft fastet die Hochzeitsgesellschaft am Hochzeitstag und erbittet wie an Jom Kippur die Vergebung aller Sünden. Unter dem Baldachin trägt der Mann ein schlichtes weißes Kleid, die Frau verhüllt ihr Gesicht mit einem Schleier. Dieser soll ihr Vertrauen in ihren Zukünftigen zeigen.

Die Zeremonie selbst findet, von einem Rabbiner geleitet, oftmals im Freien statt, um so Gottes Segen zu erhalten.

Nach dem Austausch der Ringe, des Verlesens des Ehevertrags und dem Sprechen der sieben Hochzeitssegenssprüche ist das Paar dann offiziell vermählt.

Ein Mensch, der keine Ehe eingeht, wird im jüdischen Glauben als unvollkommen betrachtet, da er gegen das göttliche Gebot verstößt, durch Kinder für den Fortbestand des Glaubens zu sorgen. Oftmals werden diesen unverheirateten Menschen in der Gemeinde Rechte vorenthalten. Auch die Scheidung wird im Judentum nicht gern gesehen.

Der Tod und die Beerdigung

Juden, die den Tod nahen sehen, bereiten sich mit Gebeten darauf vor, bitten um Vergebung ihrer Sünden und segnen nochmals ihre Kinder.

Im Judentum ist es üblich, den Toten zunächst nicht zu berühren. Dann wird der Leichnam gewaschen und ihm ein leinenes Totenhemd angezogen. Bis zum Begräbnis, das meist noch am selben Tag oder zumindest innerhalb von 48 Stunden stattfindet, wird der Tote nie allein gelassen, denn das würde von Respektlosigkeit zeugen.

Die Trauerfeier findet in einer Leichenhalle statt. Ein Rabbiner und die nächsten Verwandten sprechen für den Verstorbenen verschiedene Gebete. Den Toten zu seinem Grab zu begleiten gilt als Mizwa – als gute Tat und religiöse Pflicht. Am Friedhof reißen sich alle Angehörigen als Zeichen ihrer Trauer ihre Kleidung ein.

Ein jüdischer Friedhof ist mit vielen Steinplatten bedeckt, unter denen sich die Gräber befinden. Jedes Grab hat einen Grabstein, auf den jeder Besucher statt Blumen einen Stein legt. Dieser Stein soll symbolisch an den Besucher erinnern.

Nach dem Begräbnis folgt die sogenannte Schiwa, eine siebentägige Trauerzeit, während der die Trauernden weder baden noch sich rasieren oder aus der Thora lesen. Nach dem Ende der Schiwa gehen die Trauernden ein Mal um ihr Haus, um die Rückkehr in die Welt zu symbolisieren.

Auf die Schiwa folgt noch die 30-tägige Trauerzeit Schloschim, die bei nahen Verwandten, wie Vater oder Mutter sogar auf ein Jahr verlängert wird. In dieser Zeit gelten gelockerte Trauervorschriften.

II. Jüdische Feste

Aufgabe 4: *Löse das Kreuzworträtsel, indem du die Aufgaben beantwortest und die Begriffe in die Kästchen einträgst. Die Buchstaben in den grauen Kästchen ergeben in der richtigen Reihenfolge ein Lösungswort.*

1. Die Religionsmündigkeit bei Mädchen wird mit dem ...-Fest zelebriert.
2. Treten erwachsene Männer zum Judentum über, so müssen sie sich ... lassen.
3. ... Tage nach ihrer Geburt werden jüdische Jungen beschnitten.
4. Bei der ...-Zeremonie verkündet der Vater den Namen seiner neugeborenen Tochter.
5. Die ... ist im Judentum nicht gern gesehen.
6. Im Judentum werden die Toten zunächst nicht ...
7. Die siebentägige Trauerzeit nach einer Beerdigung wird ... genannt.
8. Unverheiratete Männer verstoßen nach dem Glauben der Juden gegen ein göttliches Gebot, da sie nicht für den ... des Glaubens sorgen.

Lösungswort: _____

ü = ue

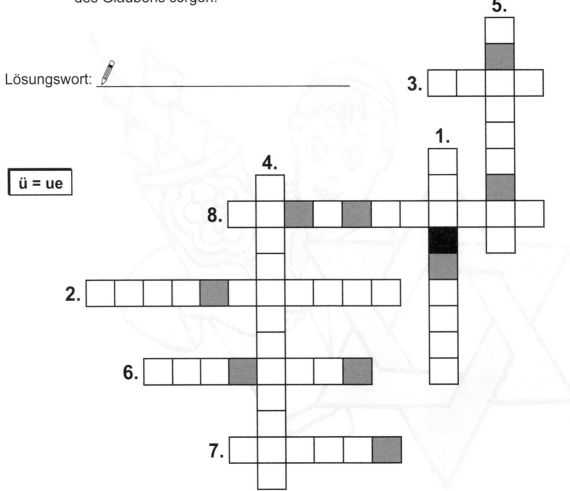

II. Jüdische Feste

Aufgabe 5: Ordnet den Bildern die richtigen Feste zu.

PA

	✎ _____ _____
	_____ _____
	_____ _____
	_____ _____

II. Jüdische Feste

Aufgabe 6: Informiere dich über den genauen Ablauf einer Bar-Mizwa-Feier und schreibe dazu einen Artikel.

EA

Aufgabe 7: Wie laufen Hochzeiten und Beerdigungen in eurer Verwandtschaft oder in eurem Freundeskreis ab?
Welche Unterschiede und Gemeinsamkeiten gibt es?

GA

III. Bräuche, Weisheiten und Riten

Der Talmud

Der Talmud ist eines der wichtigsten Schriftstücke des Judentums. Der Talmud enthält keine fixen Gesetze, sondern zeigt auf, wie die Gebote der Thora theoretisch und praktisch im Alltag umgesetzt werden sollen.

Der Talmud besteht aus zwei Teilen, dem jüngeren Teil, der Gemara und dem älteren Teil, der Mischna. Zudem gibt es auch zwei unterschiedliche Ausgaben, die Jerusalemer und die Babylonische Ausgabe. Dem Babylonischen Talmud kommt jedoch eine größere Bedeutung zu. Die am weitesten verbreitete Sprache ist hebräisch. Es gibt jedoch auch zahlreiche Übersetzungen. Der Talmud wird jedoch überwiegend in der Originalsprache studiert.

Aufgabe 1: *Hier findest du verschiedene Zitate aus dem Talmud. Suche dir ein Zitat aus, das dir besonders gut gefällt und schreibe deine Gedanken dazu auf.*

EA

Solange der Mensch lebt, hat er Hoffnung.
(Talmud Jeruschalmi Berachot 89)

Der Mensch sei biegsam wie ein Schilfrohr und nicht starr wie eine Feder.
(Talmud Bavli Toanit 20)

Der Mensch darf nicht essen, bevor er das Vieh gefüttert hat.
(Talmud Berachot 40)

Viel Streit im Hause des Menschen entsteht durch grundlosen Hass.
(Talmud Bavli Schabbat 72)

Die Taten der Väter sind den Söhnen ein Wegweiser.
(Talmud Bavli Sota 31)

Betrachte nicht den Krug, sondern dessen Inhalt.
(Rabbi Mei'ir 4,27)

III. Bräuche, Weisheiten und Riten

Der jüdische Gebetskreis

Das Werk, das dem jüdischen Gebetskreis zugrunde liegt, ist die Thora. Die Thora enthält eine Sammlung an Gebeten, die für die Juden von immenser Bedeutung sind. Das tägliche Gebet nimmt für Juden einen sehr hohen Stellenwert in ihrem Leben ein. Nur durch das Gebet ist es für die Juden möglich, mit Gott in direkten Kontakt zu treten.

Jede Gebetsgemeinschaft hat historisch bedingt (Zusammenhalt während des Babylonischen Exils) aus mindestens zehn erwachsenen Männern zu bestehen. Diese Gemeinschaft nennt man Minjan. Kernstücke jüdischen Glaubens sind beispielsweise die Gebete „Höre, Israel" oder das „Achtzehngebet".

Diese Gebete werden in den Gebetskreisen besonders häufig zelebriert. Dabei werden sie gemeinschaftlich oder auch einzeln von den Mitgliedern rezitiert. Besonders in Situationen der Bedrängnis oder Not wird verstärkt einzeln gebetet.

Aufgabe 2: *Nachfolgend siehst du das „Höre Israel". Schreibe die wichtigsten Aufforderungen auf die Gebotstafel. Verwende dafür kurze Stichworte.*

EA

4 Höre Israel! Jahwe, unser Gott, Jahwe ist einzig.
5 Darum sollst du den Herrn, deinen Gott, lieben von ganzem Herzen, von ganzer Seele und mit ganzer Kraft.
6 Diese Worte, auf die ich dich heute verpflichte, sollen auf deinem Herzen geschrieben sein.
7 Du sollst sie deinen Söhnen wiederholen. Du sollst von ihnen reden, wenn du zu Hause sitzt und wenn du auf der Straße gehst, wenn du dich schlafen legst, wenn du aufstehst.
8 Du sollst sie als Zeichen um das Handgelenk binden. Sie sollen zum Schmuck auf deiner Stirn werden.
9 Du sollst sie auf die Türpfosten deines Hauses und an deine Stadttore schreiben.

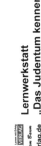

III. Bräuche, Weisheiten und Riten

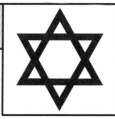

Die jüdische Gebetskleidung

Gläubige Juden tragen beim Gebet ganz bestimmte Kleidung. Da wäre zum Beispiel der Gebetsschal, der von frommen Juden beim Morgengebet getragen wird und auch Tallit genannt wird. Die verknoteten Fäden an den Ecken des Tuches erinnern an die Zehn Gebote Gottes. Zu der traditionellen Gebetskleidung zählt auch der Gebetsriemen, Tefillin genannt, der aus Leder besteht und an dem sich zusätzlich lederne Kapseln befinden. Die Kapseln enthalten kleine Pergamentstücke mit handgeschriebenen Texten aus der Thora. Beim Gebet werden die Gebetsriemen um die Stirn und den Arm gebunden. Die Kippa ist die bekannte Kopfbedeckung, die viele jüdische Jungen und Männer beim Gebet und häufig im Alltag tragen. Diese Mütze bedeckt den Hinterkopf und wird in der Synagoge während des Gebets und auf dem jüdischen Friedhof getragen.

Aufgabe 3: Ordnet den Bildern die richtige Bezeichnung zu.

PA

III. Bräuche, Weisheiten und Riten

Speiseregeln

Die jüdische Kultur und der Glauben sind fest miteinander verwoben und daher gibt es im Judentum ganz bestimmte Speiseregeln.

Jeder Speise kommt eine symbolische Bedeutung zu, das kann man beispielsweise am Pessachfest sehr gut erkennen. Für die Entwicklung dieser Speiseregeln haben klimatische Bedingungen und kulinarische Essgewohnheiten in den jeweiligen Ländern eine maßgebliche Rolle gespielt. So konnte man Fleisch in früheren Zeiten nicht kühl lagern, wie es heute dank moderner Technik der Fall ist.

Die Speiseregeln, die zu einer Einheit zwischen Körper und Geist führen sollen, tragen den Namen Kaschrut-Gesetze. Das oberste Gebot ist, dass die Speisen koscher sein müssen, was bedeutet, dass sie rein sein müssen.

Die Juden unterscheiden zwischen drei Arten von Tieren:

- auf dem Land lebende Tiere
- Meerestiere
- Geflügel

Alle diese Tiere müssen bestimmte Kriterien erfüllen, um als rein zu gelten.

Alle auf dem Land lebenden Tiere, die gespaltene Klauen besitzen, Paarzeher sind und wiederkäuen, dürfen von Juden verspeist werden.

Der Verzehr von Schweinen als nicht wiederkäuende Tiere ist Juden strengstens verboten und gilt als unrein und Zeichen des Verfalls.

Fast alle Arten von Geflügel, mit Ausnahme der Raubvögel, gelten als rein.

Da der Genuss von Blut den Juden verboten ist, haben sie eine spezielle Schlachtmethode entwickelt, bei der das Schlachtvieh komplett ausgeblutet wird. Auch tote oder durch andere Raubtiere gerissene Tiere dürfen von Juden nicht verspeist werden. Auch ist es verboten, Fleisch und Milch miteinander zu vermischen.

Alle Meerestiere, die Flossen und Schuppen haben und im Wasser leben, dürfen verzehrt werden.

Dadurch fallen bestimmte Arten wie Aale, Austern, Krebse, Muscheln und Schnecken unter das Essverbot.

III. Bräuche, Weisheiten und Riten

Aufgabe 4: Erkläre die folgenden Begriffe in eigenen Worten und in vollständigen Sätzen.

Kaschrut-Gesetze:

koscher:

Klauen:

Aufgabe 5: Fallen euch noch andere Weltreligionen ein, in denen es Speiseregeln gibt? Notiert eure Ergebnisse dazu.

III. Bräuche, Weisheiten und Riten

Aufgabe 6: Erstellt eine Übersicht, auf der die wichtigsten Speiseregeln der Juden anschaulich aufgelistet sind.

PA

– Wichtige Speiseregeln im Judentum –

Aufgabe 7: Recherchiert im Internet, was es mit dem Verbot der Mischung von Milch und Fleisch auf sich hat.
Gibt es bestimmte Regeln hinsichtlich alkoholischer Getränke?
Erstellt ein Plakat mit euren Ergebnissen, das ihr dann eurer Klasse vorstellt.

PA

III. Bräuche, Weisheiten und Riten

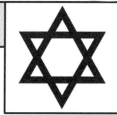

Der jüdische Kalender

Der jüdische Kalender ist ein sogenannter Lunisolarkalender. Als Orientierung für die Monate dient der Mondzyklus. Das Normaljahr besteht ebenfalls aus 12 Monaten, es gibt jedoch auch Schaltjahre mit 13 Mondmonaten. Jeder Monat beginnt mit dem ersten Sichtbarwerden der Mondsichel. Die Monatsnamen stammen aus dem babylonischen Exil und heißen: Tischri, Heshva, Kislev, Tewet, Schwat, Adar, Nisan, Iyyar, Sivan, Tammuz, Av und Elul.

In biblischer Zeit begann das Jahr mit dem Monat Nisan. Der Nisan gilt als Monat der Erlösung, als die jüdischen Vorfahren aus Ägypten flüchteten. Heutzutage beginnt der jüdische Kalender mit dem Monat Tischri, der als der Monat gilt, während dem Gott die Menschen erschaffen hat. Für die Juden kommt der Erlösung jedoch noch immer eine größere Bedeutung als der Schöpfung zu.

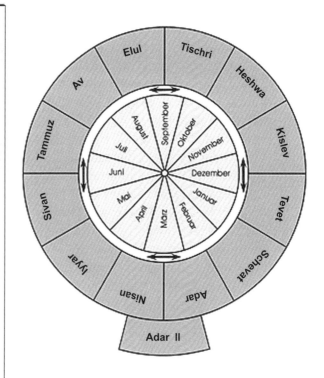

Aufgabe 8: *Recherchiert, was das Wort „Lunisolarkalender" bedeutet und erklärt es mit euren eigenen Worten.*

_____
_____
_____
_____
_____
_____

Aufgabe 9: *Wie lautet der jüdische Monat, in dem du Geburtstag hast?*

_____

III. Bräuche, Weisheiten und Riten

Symbole für das Judentum

Die Menora ist ein siebenarmiger Kerzenleuchter. Die Form des Kerzenständers erinnert stark an die Form eines Mandelbaumes. Auch im Tempel in Jerusalem gab es früher einen solchen Kerzenleuchter. Er gilt als Zeichen der Erleuchtung und als Symbol für Gott. An bestimmten Festen stellen Juden die Menora gut sichtbar an ihr Fenster, um andere an das Fest zu erinnern und als Zeichen dafür, dass sie zu ihrem Glauben stehen.

Wortwörtlich übersetzt bedeutet das Wort „Mesusa" Türpfosten. In der Bibel wird das Volk Israel dazu aufgefordert, das Glaubensbekenntnis an Gott an die Türrahmen zu schreiben. Daraus entstand die Mesusa, eine schmale Kapsel, in der sich ein kleines Pergamentstück befindet. Auf diesem Pergament steht das Gebet „Höre, Israel" geschrieben: *„Höre Israel, der Ewige, ist unser Gott, der Ewige ist einzig."*

Der Davidstern hat sechs Zacken und ist nach König David benannt. Heute ist er eines der wichtigsten Symbole des Judentums. Ursprünglich gesehen ist der Stern jedoch kein jüdisches Symbol. Erst im 16. Jahrhundert benutzte die jüdische Gemeinde in Prag diesen Stern für ihr Wappen. Heute befindet sich auch auf der israelischen Flagge ein Davidstern.

Aufgabe 10: *Beantworte die folgenden Fragen in vollständigen Sätzen.*

EA

a) *Wofür steht die Menora?*

b) *Woran erinnert die Form der Menora?*

c) *Was ist die Mesusa?*

III. Bräuche, Weisheiten und Riten

d) *Nach welchem Menschen ist der Davidstern benannt?*

_____

_____

e) *Wann wurde der Davidstern erstmas als jüdisches Symbol verwendet?*

_____

_____

_____

 Aufgabe 11: *Zeichne die Symbole.*

EA

Menora	Mesusa	Davidstern

Seite 41

IV. Abschlusstest

Mit diesem Abschlusstest kannst du prüfen, wie gut du dir das erlernte Wissen zum Judentum eingeprägt hast. Löse die folgenden Aufgaben in vollständigen Sätzen.

1) Zwischen welchen Arten von Tieren unterscheiden die Juden in ihren Speisevorschriften?

2) Welche Kleidungsstücke gehören zur jüdischen Gebetskleidung?

3) Wer gilt als Jude und kann man auch als Erwachsener noch zum Judentum konvertieren?

4) In welchem Monat findet das Fest Chanukka statt und wie wird es noch genannt?

5) Welche Bedingung muss erfüllt werden, damit ein jüdischer Gottesdienst rechtmäßig stattfinden kann?

6) Welche Bedeutung hat die Thora?

IV. Abschlusstest

7) *Welche verschiedenen Glaubensrichtungen gibt es im Judentum und welche Ziele verfolgen sie?*

8) *Welche Funktion übernimmt ein Kantor?*

9) *Welche Gebete sind Kernstück des jüdischen Glaubens?*

10) *Wie viele Anhänger hat das Judentum und in welchen Ländern leben besonders viele Juden?*

11) *Welchen Unterschied gibt es zwischen Christen und Juden?*

Lösungen

Allgemeine Informationen

Aufgabe 1: Individuelle Lösung

Aufgabe 2:

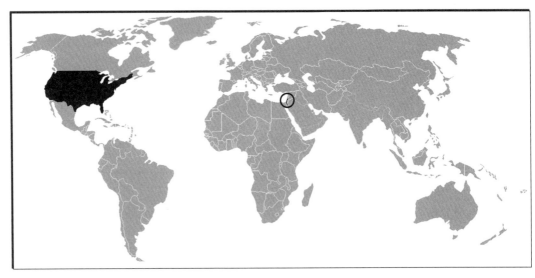

Land	Kontinent
- USA	Nordamerika
- Israel	Asien

Aufgabe 3: a) Die Zeit der Judenverfolgung unter Adolf Hitler im 2. Weltkrieg und zur Zeit des Nationalsozialismus zwang viele Juden zum Auswandern. Eine Möglichkeit war die USA als Einwanderungsland.

b) Während der Zeit des Nationalsozialismus und des Holocaust in Europa wanderten viele Juden in die USA aus, um ihr Leben zu retten.

Aufgabe 4: **monotheistisch:** Eine monotheistische Religion ist eine Religion, die nur einen Gott verehrt.

Thora: Die Thora ist das heilige Buch der Juden. Sie besteht aus den fünf Büchern Moses.

Abraham: Abraham gilt als der Stammvater des Judentums. Auch das Christentum und der Islam betrachten Abraham als Stammvater.

Missionierung: Religionen, die missionieren, tragen ihre Botschaft aktiv in die Welt hinaus und versuchen andersgläubige Menschen zu konvertieren, sie also somit von ihrer eigenen Religion zu überzeugen.

I. Geschichte – Hintergründe – Glauben

Aufgabe 1: a) Die jüdische Religion hat ihren Ursprung im Bund Abrahams mit Gott.

b) Das Judentum ist eine monotheistische Religion und verehrt somit nur einen Gott.

c) Nach Abraham führten sein Sohn Isaak und dessen Sohn Jakob den Bund mit Gott weiter.

d) Auf der Flucht vor einer Hungersnot gelangten Jakobs Nachfahren nach Ägypten, wo sie vom ägyptischen Pharao versklavt wurden. Mose gelang es mit Gottes Hilfe schließlich, sein Volk aus der Gefangenschaft zu befreien und zum Berg Sinai zu flüchten.

e) Der erste Tempel, der in Jerusalem entstand, ist für die Juden von großer Bedeutung.

f) Mose und das auserwählte Volk erhielten von Gott am Berg Sinai die Zehn Gebote.

Aufgabe 2: Individuelle Lösungen in Anlehnung an den Informationstext.

Lösungen

I. Geschichte – Hintergründe – Glauben

Aufgabe 3:
Strömung: Eine Strömung ist eine bestimmte geistige Bewegung, Richtung oder Tendenz.

Emanzipation: Unter Emanzipation versteht man die rechtliche und gesellschaftliche Gleichstellung der Frau mit dem Mann.

Modifizierung: Synonyme für Modifizierung sind: Veränderung, Variation

zelebrieren: Als „zelebrieren" bezeichnet man die Abhaltung einer kirchlichen Zeremonie.

Messias: Als Messias wird ein Befreier bezeichnet, der Menschen oder ganze Völker aus sozialer, religiöser oder ähnlicher Unterdrückung erlösen soll.

Aufgabe 4: A – 6, B – 5, C – 1, D – 4, E – 7, F – 2, G – 3

Aufgabe 5:

	Vorteile	Nachteile
Orthodoxes Judentum	– Festhalten am Ursprung – Goldenes Zeitalter steht noch bevor	– fehlende Emanzipation der Frauen – kein weltliches Leben möglich
Reform-judentum	– Frauen als gleichberechtigte Mitglieder – Innovative und moderne Gottesdienste möglich	– mögliches Verlorengehen von Bräuchen
Konservatives Judentum	– Bräuche und Gebote werden gewahrt – fortschrittliche Entwicklungen werden nicht abgelehnt	– Oftmals Schwierigkeiten zwischen dem Fortschritt und dem Festhalten an den Bräuchen und Geboten.

Aufgabe 6: Richtige Antworten: d), f), h); Lösungswort: **PENTATEUCH** (= 5 Bücher Mose)

Aufgabe 7:
Wievieltes Buch Mose: **1**
Hebräische Bezeichnung für dieses Buch: **Bereschit**
Deutsche Übersetzung der Anfangsworte: **Am Anfang** (schuf) ...
Griechische Bezeichnung: **Genesis**
Inhalt dieses Buches: Das erste Buch Moses thematisiert die Schöpfungsgeschichte und die Erschaffung der Welt. Zudem wird vermittelt, dass alle Menschen vor Gott gleich sind. Es endet mit der Josefs-Geschichte.

Wievieltes Buch Mose: **2**
Hebräische Bezeichnung für dieses Buch: **Schemot**
Deutsche Übersetzung der Anfangsworte: (Dies sind) **die Namen** ...
Lateinische Bezeichnung: **Exodus**
Inhalt dieses Buches: Der wichtigste Bestandteil dieses Buches sind die Zehn Gebote, die das Verhalten zwischen Menschen untereinander und zwischen Mensch und Gott aufzeigen.

Wievieltes Buch Mose: **3**
Hebräische Bezeichnung für dieses Buch: **Wajikra**
Deutsche Übersetzung der Anfangsworte: **Und es rief** (Jahwe) ...
Lateinische Bezeichnung: **Leviticus**
Inhalt dieses Buches: In diesem Buch finden sich zahlreiche Gebote, wie die Speisevorschrift oder das Gebot der geschlechtlichen Reinheit. Auch die Opferdienste der Priester werden hier thematisiert.

Wievieltes Buch Mose: **4**
Hebräische Bezeichnung für dieses Buch: **Bemidbar**
Deutsche Übersetzung der Anfangsworte: (Und es redete Jahwe) **in der Wüste** ...
Lateinische Bezeichnung: **Numeri**
Inhalt dieses Buches: Dieses Buch handelt vom Beginn einer neuen Ära, denn das Volk sei bereit, nun endlich in das verheißene Land einzuziehen.

Wievieltes Buch Mose: **5**
Hebräische Bezeichnung für dieses Buch: **Devarim**
Deutsche Übersetzung der Anfangsworte: (Dies sind) **die Worte** ...
Lateinische Bezeichnung: **Deuteronomium**
Inhalt dieses Buches: Dieses Buch handelt von der Abschiedsansprache Mose an sein Volk. Dabei thematisiert er Fehler, die in der Vergangenheit gemacht wurden und übt Kritik. Danach wiederholt Mose die Zehn Gebote und gibt eine Zusammenfassung des Glaubensbekenntnisses.

Lösungen

I. Geschichte – Hintergründe – Glauben

Aufgabe 8: **Heilige Lade:** Die heilige Lade ist für die Juden ein sehr kostbarer Gegenstand, denn in ihr werden die Torarollen aufbewahrt.

Almemor: Der Almemor ist ein Tisch oder eine große Plattform, auf der die Torarollen während des Gottesdienstes ausgerollt werden.

Kantor: Der Vorbeter, der sich im Namen der Gemeinde an Gott richtet, wird als Kantor bezeichnet.

Aufgabe 9: Christentum: Kirche; Islam: Moschee; Hinduismus: Tempel (Mandir); Buddhismus: Tempel/Kloster

Aufgabe 10: 1. Heilige Lade, 2. Synagoge, 3. Jerusalem, 4. Kantor, 5. Zehn, 6. Bima, 7. Ewige, 8. Zusammenkunft
Lösungswort: **Gebetshaus**

Aufgabe 11:

Gemeinsamkeiten	Unterschiede
– Ort der Zusammenkunft und des Gebets – Kreuz	– häufig mehrere runde Kuppeln (Synagoge) – Synagoge äußerlich deutlich prachtvoller verziert und viel farbenprächtiger – christliche Kirchen oft mit spitzem Kirchturm und Kirchenglocke

Aufgabe 12: 1. Frauengalerie; 2. Toraschrein; 3. Almemor; 4. Sitzplätze Männer

Aufgabe 13:
a) Falsch: Man ist automatisch Jude, wenn man eine jüdische Mutter hat.
b) Richtig
c) Falsch: Egal, wo man als Jude lebt, man muss sich überall an die Gebote der Thora halten.
d) Falsch: Es ist auch im Erwachsenenalter noch möglich, dem Judentum beizutreten.
e) Richtig

Aufgabe 14:

	Juden	Christen
Gemeinsam-keiten	– Zehn Gebote wichtig – Glaube an Gott – Lesen in der Thora bzw. im Alten Testament – Gott als Schöpfer der Welt – Ewiges Leben	
Unterschiede	– Messias wird noch kommen und Frieden bringen	– Jesus als Messias

Aufgabe 15: Individuelle Lösung.

II. Jüdische Feste

Aufgabe 1:
a) An Chanukka gedenken die Juden der Zeit der Herrschaft des Volks Israels unter den Griechen.

b) An Jom Kippur beten Juden traditionell den ganzen Tag. An diesem Tag geht es darum, seine Missetaten zuzugeben, sich zu bessern und einander zu vergeben.

c) Rosch ha-Schana ähnelt dem Sylvesterfest.

d) Der Sabbat entspricht dem Samstag im Islam und dem Sonntag im Christentum.

e) Während des Pessachfestes dürfen nur ungesäuerte Speisen verzehrt werden, als Erinnerung an die übereilte Flucht aus Ägypten.

f) Jede Familie erbaut aus verschiedenen Materialien eine Laubhütte, in der die Familie während des Festes schläft und ihre Mahlzeiten einnimmt.

Lösungen

II. Jüdische Feste

Aufgabe 2:
1. Matzen sind ungesäuerte Brote, die von besonders traditionellen Juden während des Pessachfestes verzehrt werden.

2. Die sieben Pflichten an Purim:
   1. Das Buch Ester vollständig lesen
   2. Geschenke an Freunde schicken
   3. Geschenke für die Armen
   4. Die Tora lesen
   5. Das „Über die Wunder" beim Gebet und beim Tischgebet sprechen
   6. Festmahlzeiten und Freude
   7. Verbot von Trauerreden und Fasten

3. Der Honig gilt als Symbol für ein süßes neues Jahr, der Apfel gilt als Symbol der Liebe zwischen Mann und Frau. Die Challa gilt als Opfergabe.

4. Die vier Versprechen Gottes lauten:
   1. Gott will die Israeliten aus Ägypten führen.
   2. Gott will die Israeliten befreien.
   3. Gott will die Israeliten erlösen.
   4. Gott will die Israeliten als sein Volk annehmen.

Aufgabe 3:
- Chanukka: Das Lichterfest: Kislew
- Jom Kippur: Der Versöhnungstag: Tischri
- Pessach: Auszug aus Ägypten: Nisan
- Rosch ha-Schana: Das Neujahrsfest: Tischri
- Purim: Das Losfest: Adar
- Schawuot: Das Wochenfest: Siwan
- Sukkot: Das Laubhüttenfest: Tischri

Aufgabe 4: 1. Bat Mizwa, 2. beschneiden, 3. acht, 4. Hollekreisch, 5. Scheidung, 6. beruehrt, 7. Schiwa, 8. Fortbestand, Lösungswort: **Brauchtum**

Aufgabe 5:
- Bild 1: Beerdigung / Friedhof
- Bild 2: Hollekreisch-Zeremonie
- Bild 3: Bar Mizwa
- Bild 4: Hochzeit

Aufgabe 6: Ablauf einer Bar-Mizwa-Feier in Stichworten:
- Sabbat nach dem 13. Geburtstag des Jungen
- monatelange Vorbereitung und Übungen zum Gottesdienst
- Lesen aus der Thora, um Können zu beweisen
- Antreten des Lebens als erwachsener Jude
- im Anschluss gemütliche Familienfeier und Geschenke

Aufgabe 11: Individuelle Lösung.

III. Bräuche, Weisheiten und Riten

Aufgabe 1: Individuelle Lösung.

Aufgabe 2: Zum Beispiel:
- Gott lieben und verehren
- diese Worte verinnerlichen
- diese Worte stets wiederholen und deinen Söhnen vortragen
- diese Worte als Schmuck, als äußeres Zeichen tragen
- diese Worte am Türpfosten des Haus und am Stadttor aufschreiben

Aufgabe 3: Zum Beispiel:
- Bild 1: Kippa
- Bild 2: Gebetsriemen (Tefillin)
- Bild 3: Gebetsschal (Tallit)

Aufgabe 4:
- **Kaschrut-Gesetze:** Alle Speiseregeln, die zu einer Einheit zwischen Körper und Geist führen sollen, werden Kaschrut-Gesetze genannt.
- **koscher:** Als „koscher" werden Speisen bezeichnet, die nach Ansicht der Juden als rein gelten.
- **Klauen:** Die Krallen von Vögeln und Wildtieren werden als Klauen bezeichnet.

Lösungen

III. Bräuche, Weisheiten und Riten

Aufgabe 5: z. B. Buddhismus: Buddhistische Mönche sollen kein Fleisch essen und das Einnehmen berauschender Mittel ist ihnen untersagt. Auch viele Hindus essen kein Rindfleisch. Islam: Muslime dürfen kein Schweinefleisch und keine Tiere essen, die selber Fleischfresser sind. Zudem ist ihnen der Verzehr von nicht ausgeblutetem Fleisch und der Genuss von alkoholischen Getränken untersagt.

Aufgabe 6: Mögliche Auflistungspunkte:
- Verbot, Milch und Fleisch zu vermischen
- Schweine dürfen nicht gegessen werden
- paarhufige Wiederkäuer dürfen verspeist werden
- Raubvögel gelten als unrein
- Meerestiere mit Schuppen und Flossen dürfen verzehrt werden

Aufgabe 7: „Du sollst ein Zicklein nicht in der Milch seiner Mutter kochen." (Ex 23,19 und 34,26; Dt 14,12) Dieses Zitat ist der Ausgangspunkt für das Mischverbot von Milch und Fleisch. Für „milchige" und „fleischige" Speisen müssen sogar unterschiedliche Kochtöpfe und auch unterschiedliches Besteck verwendet werden und auch strikt getrennt werden. Nach dem Verzehr von Fleisch muss ein Jude sechs Stunden warten, ehe das Fleisch als verdaut gilt und wieder Milchprodukte gegessen werden dürfen. Milchspeisen gelten bereits nach 30 Minuten als verdaut. Weine und andere alkoholische Getränke aus Vergorenem müssen koscher sein, d. h. unter Aufsicht geerntet und verarbeitet werden. Bei anderen alkoholischen Getränken, die nicht aus Trauben hergestellt werden, gibt es dagegen keine Regeln.

Aufgabe 8: Ein Lunisolarkalender orientiert sich an den Mondphasen. Ein Lunisolarkalender enthält in erster Linie 12 Mondmonate und, zur Annäherung, an das Sonnenjahr etwa alle drei Jahre einen 13. Mondmonat.

Aufgabe 9: Individuelle Lösung.

Aufgabe 10:
a) Die Menora gilt als Zeichen der Erleuchtung und zudem als Symbol für Gott.
b) Die Menora ähnelt in ihrer Form stark einem Mandelbaum.
c) Die Mesusa ist eine schmale Kapsel, in der sich ein zusammengerolltes Schriftstück befindet.
d) Der Stern ist nach König David benannt.
e) Erst im 16. Jahrhundert wurde der Davidstern erstmalig in Prag für das Wappen der jüdischen Gemeinde verwendet.

Aufgabe 11: Individuelle Lösung.

IV. Abschlusstest

1) Die Juden unterscheiden zwischen landlebenden Tieren, Meerestieren und Geflügel.

2) Zur Gebetskleidung zählen der Gebetsriemen, die Kippa und der Gebetsschal.

3) Wer eine jüdische Mutter hat, gilt von Geburt an als Jude. Es ist jedoch auch im Erwachsenenalter noch möglich, zum Judentum zu wechseln, wenn man die Gebote der Thora einhält und sich beschneiden lässt.

4) Chanukka findet im Monat Kislew statt und wird auch das Lichterfest genannt.

5) Für einen rechtmäßigen Gottesdienst müssen zehn religionsmündige Männer anwesend sein.

6) Die Tora gilt als ein Wegweiser für den rechten Glauben und fungiert als Verbindung zwischen Gott und den Menschen.

7) Es gibt drei Glaubensrichtungen, das Reformjudentum, das Konservative Judentum, sowie das Orthodoxe Judentum. Beim Reformjudentum nehmen Frauen eine gleichberechtigte Stellung ein. Reformjuden streben zudem eine Modifizierung der Gottesdienste an und sehen jüdische Feiertage und Gesetze nicht länger als bindend an. Das Orthodoxe Judentum hält streng an den Zehn Geboten und den Regeln der Thora fest und lehnt es ab, von der Tradition abzuweichen und ein weltliches Leben zu führen. Das Konservative Judentum ist zwischen den zwei Strömungen angesiedelt und tritt dafür ein, dem Studium der Lehren eine große Bedeutung beizumessen, verschließt sich jedoch nicht dem Fortschritt.

8) Der Kantor hat die Rolle eines Vorbeters, der sich im Namen der Gemeinde an Gott wendet.

9) Das „Höre Israel" und das „Achtzehngebet" sind Kernstücke des jüdischen Glaubens.

10) Das Judentum ist mit nur rund 15 Millionen Anhängern die älteste monotheistische Weltreligion. Die meisten Juden leben in Israel und in den USA.

11) Die Juden glauben nicht, dass Jesus der Messias ist, sondern sie glauben daran, dass der Messias noch kommen und Frieden bringen wird.